LILIANA IACOCCA   MICHELE IACOCCA

O planeta eu

Conversando sobre sexo

editora ática

O planeta eu – Conversando sobre sexo
© Liliana e Michele Iacocca, 1995

Gerente editorial	Claudia Morales
Editoras	Lenice Bueno da Silva/Claudia Morales/Lavínia Fávero
Editores assistentes	Anabel Ly Maduar/Elza Mendes/Fabrício Valério
Coordenadora de revisão	Ivany Picasso Batista

ARTE
Projeto de capa	Vinicius Rossignol Felipe
Editores	Antonio Paulos/Vinicius Rossignol Felipe
Diagramadores	Eliana Santos Queiroz/Moacir K. Matsusaki/Claudemir Camargo

A editora Ática agradece a consultoria da professora Maria Cecília Guedes Condeixa, docente de Didática de Ciências da Escola do Professor do Sindicato dos Professores de São Paulo (SINPRO-SP).

CIP-BRASIL. CATALOGAÇÃO NA FONTE
SINDICATO NACIONAL DOS EDITORES DE LIVROS, RJ.

I12p
8.ed.

Iacocca, Liliana, 1947-2004
    O planeta eu : conversando sobre sexo / Liliana Iacocca ; ilustrações Michele Iacocca. - 8.ed. - São Paulo : Ática, 2011.
    64p. : il. - (Pé no chão)

    ISBN 978-85-08-14350-4

    1. Educação sexual para crianças. 2. Literatura infantojuvenil brasileira. I. Iacocca, Michele, 1942-. II. Título. III. Título: Conversando sobre sexo. IV. Série.

10-5051.   CDD: 649.65
                                                 CDU: 613.88-053.2

ISBN 978 85 08 14350-4 (aluno)
ISBN 978 85 08 14351-1 (professor)
Código da obra CL 737330

2021
8ª edição
6ª impressão
Impressão e acabamento: Vox Gráfica

Todos os direitos reservados pela Editora Ática, 1995
Av. Otaviano Alves de Lima, 4400 – CEP 02909-900 – São Paulo, SP
Atendimento ao cliente: 4003-3061 – atendimento@atica.com.br
www.atica.com.br

Bianca e Tomás
foram perguntar
para os pais:

– Mãe, é normal conversar sobre sexo?

– É claro que sim. O sexo é parte fundamental da nossa vida. E é muito importante, desde criança, estar bem informado sobre esse assunto. Se a conversa for natural, falar de sexo é muito divertido.

– Pai, por que a maioria das pessoas não fala naturalmente sobre sexo?

– As pessoas sempre tiveram preconceitos e milhões de dúvidas sobre sexo. Isso vem acontecendo há muito tempo. E até hoje, no século XXI, tem gente assim. Gente que acha que sexo é coisa feia, que cochicha sobre o assunto, dá risadinhas maliciosas, conta piadas e faz do sexo um grande mistério.

– Pai, por que tem gente que acha que sexo é coisa feia?

– Acredito que seja porque tiveram uma educação confusa sobre isso, por falta de informações corretas, de conversa entre pais e filhos, de conhecimento do próprio corpo.

– Mãe, é feio falar pinto e xoxota?

– Não, não é feio. É só um apelido que as pessoas inventaram para o pênis, órgão genital masculino, e para a vulva (ou pudendo), órgão genital feminino.

– Mãe, as mulheres usam saias e os homens não usam. Isso são diferenças sexuais?

– O jeito de vestir e de enfeitar o próprio corpo foi sendo elaborado com o tempo e de acordo com os costumes de cada povo. Isso não são diferenças sexuais, são as aparências do homem e da mulher em determinada época. Você sabia que em certos países, como a Escócia, alguns homens também usam saias?

– Pai, é normal andar pelado dentro de casa?

– Se quem andar pelado não estiver fazendo isso por exibição, é mais do que normal. Tudo é uma questão dos hábitos da casa e da naturalidade com que o fato é encarado pela família.

– Mãe, o pênis e a vulva são importantes como as outras partes do corpo?

– Da mesma maneira que os olhos veem, os ouvidos escutam, o nariz sente os cheiros, a boca fala, as mãos tocam as coisas, e assim por diante, os órgãos genitais têm uma função muito importante: dar prazer e gerar novas vidas.

– Pai, os órgãos sexuais são bonitos?

– É claro que são. Assim como as pernas, os pés, as mãos, a cabeça... Nosso corpo é bonito e harmonioso. É fundamental ter admiração por ele.

– Mãe, por que os meninos fazem xixi em pé, e as meninas, sentadas?

– O formato do pênis possibilita ao menino mais conforto fazendo xixi em pé. E o formato da vulva (ou pudendo feminino) oferece o mesmo conforto quando a menina faz xixi sentada. É só uma questão de comodidade.

– Pai, eu posso mexer no meu pênis e deixar ele ficar durinho?

– É lógico que pode. Isso se chama masturbação: é quando os meninos mexem no próprio pênis, e as meninas no clitóris e sentem uma sensação gostosa. É algo natural e saudável para o próprio desenvolvimento. É uma prática que faz parte da intimidade de cada um.

– Mãe, o que é
ser machista?

– É ser metido a durão, pensar que homem é homem, mulher é mulher, cada um no seu lugar. Um homem machista é aquele que vive querendo mandar na mulher. Provavelmente, não tem uma boa percepção de si mesmo e dos outros. Então acha que as mulheres não podem usufruir dos mesmos direitos humanos, sociais e sexuais. E mais: não estranhe se você encontrar por aí mulheres que também pensam assim.

– Mãe, se quando
os meninos
se masturbam o
pênis fica durinho,
com as meninas
o que acontece?

– As meninas têm o clitóris, um órgão pequeno que fica pertinho da vagina. Quando as meninas tocam o clitóris, ele também fica durinho, e isso dá uma sensação prazerosa.

– Pai, por que outro dia minha madrinha me olhou de cara feia quando eu falei bunda?

– É que há muito tempo sua madrinha aprendeu as coisas de um jeito e continua achando que aquele é o jeito certo. Para ela, tudo que se relaciona ao sexo e a algumas partes do corpo é coisa proibida, censurada. Até uma palavrinha falada da forma mais natural do mundo.

– Mãe, o que significa "estar naqueles dias"?

– É uma expressão que as mulheres usam quando estão menstruadas ou prestes a menstruar. Em geral, nesse período, por causa das alterações hormonais, as mulheres sentem muitos desconfortos físicos e emocionais. Muitas chegam até a chorar sem nenhum motivo ou ficam tão irritadas que brigam com todo mundo. É a chamada TPM, tensão pré-menstrual.

EU SOU ASSIM

Depois de responder às perguntas, o pai explicou para Tomás como funciona o aparelho sexual masculino. Tomás contou direitinho para Bianca:

"Sabe, existe o pênis, que é o órgão genital externo dos homens. Debaixo dele fica a bolsa escrotal, também chamada de escroto, com suas duas bolas, os testículos. E é dentro dos testículos que começam a ser fabricados milhões de espermatozoides, quando o garoto tem 12 ou 13 anos."

PUXA VIDA! ESTÁ SEMPRE CONGESTIONADO.

SOMOS TANTOS QUE FALTA ATÉ O AR!

"Imagine você que cada um desses espermatozoides é minúsculo, tão minúsculo que só pode ser visto com microscópio. Mas mesmo assim tem três partes básicas: cabeça, colo (ou peça intermediária) e cauda. Para ele se movimentar, essa cauda se mexe com super-rapidez."

VOCÊ SABE QUE QUEM NÃO CHEGAR EM PRIMEIRO VAI SUMIR DE VEZ?

"Imagine também que, depois de fabricados, eles são armazenados no epidídimo, um tubo que fica em cima dos testículos. Esse tubo fabrica um líquido leitoso e pegajoso que, com os espermatozoides, é chamado de esperma."

VOCÊ É ASSADO

"Quando estimulado pela relação sexual ou pela masturbação, o pênis vai ficando ereto, e os espermatozoides vão escorregando e atingem os ductos deferentes. Daí são conduzidos até as glândulas seminais, duas bolsas que fabricam secreções. Em seguida, invadem uma glândula arredondada, também produtora de secreções, a próstata."

"Por fim, chegam à uretra, que é um pequeno tubo que vem da bexiga e das glândulas seminais e atravessa o pênis. É pela uretra que o esperma é ejaculado, isto é, sai do corpo do homem."

"Se isso acontecer durante uma relação sexual sem proteção, eles entram no corpo da mulher. Se encontrarem um óvulo amadurecido na tuba uterina, um único espermatozoide é que fecunda o óvulo. É aí que se inicia a formação de um bebê."

"Estava me esquecendo de falar que é também pela uretra que sai a urina, mas durante a saída do esperma não escapa nenhum pinguinho dela."

NOTA: Para entender melhor a explicação do Tomás, veja os desenhos do encarte *Fique por dentro do seu corpo*.

EU SOU ASSIM

Em seguida, foi a vez da Bianca explicar o que tinha aprendido com a mãe:

"Comigo é diferente. Nós, meninas, não temos os órgãos genitais tão expostos como os dos meninos. Quase tudo está escondido, fica do lado de dentro. Quando alguém vê uma mulher sem roupa, o órgão genital que aparece é a vulva, que lembra uma boca: tem até dois lábios, os maiores e os menores."

NOSSA, QUE APERTO!

QUEM VAI PARA AS TUBAS DESTA VEZ?

EU EU EU EU EU EU EU EU EU EU EU EU EU EU

"Na parte de cima da vulva fica o clitóris, um órgão pequenininho, muito sensível, que participa bastante no prazer sexual da mulher. E logo abaixo do clitóris é a saída da uretra, lugar por onde se faz xixi. Um pouco mais para baixo, tem a saída da vagina, que é o canal por onde saem os bebês. É a vagina que liga os órgãos sexuais externos aos internos. Tem grande elasticidade e fica úmida quando a mulher é sexualmente estimulada, preparando-se para receber o pênis ereto na relação sexual. Como o clitóris, é também muito sensível."

SERÁ QUE VOU ENCONTRAR UM ESPERMATOZOIDE PELA FRENTE?

"O canal da vagina vai dar no útero, e ligadas ao útero estão as duas tubas uterinas. Cada uma delas vai chegar a um ovário."

VOCÊ É ASSADO

"Nós, meninas, quando nascemos, possuímos mais de 400 mil óvulos imaturos nos dois ovários. Esses óvulos só começam a amadurecer entre 10 e 14 anos. A partir daí, todo mês, um deles vai até as tubas uterinas para poder chegar ao útero."

"É na tuba uterina que acontece o encontro do óvulo amadurecido com o espermatozoide. Isso quer dizer que, se o óvulo, enquanto estiver passeando na tuba, encontrar o espermatozoide, pode acontecer a fecundação. Esse óvulo fecundado se aloja no útero, que está com suas paredes macias e fofinhas para receber o novo ser."

"É incrível como o útero, um órgão que parece uma pera de ponta-cabeça, aumenta à medida que o feto se desenvolve, chegando a atingir pouco mais de 30 centímetros de comprimento. Quando não acontece a fecundação do óvulo, partes do revestimento do útero, o endométrio, que estavam molinhas e cheias de sangue, se desmancham e são eliminadas pela vagina. É a chamada menstruação."

"A mamãe falou que os seios também são órgãos que participam da sexualidade da mulher. Eles dão prazer quando estimulados e, quando o bebê nasce, servem para a amamentação."

NOTA: Para entender melhor a explicação da Bianca, veja os desenhos do encarte *Fique por dentro do seu corpo*.

É BOM SABER...

... que uma dobra de pele chamada prepúcio cobre a cabeça do pênis, a glande. Para a higiene, é necessário, na hora do banho, puxar o prepúcio e lavar muito bem o local. Pode acontecer de essa pele estar muito grudada e atrapalhar a saída da glande. Isso se chama fimose e pode ser resolvido com uma pequena cirurgia para retirada do prepúcio, a circuncisão. Alguns povos fazem circuncisão por motivos religiosos ou culturais. Essa é uma medida de higiene muito eficaz, cada vez mais recomendada pelos médicos.

... que as meninas que tiverem curiosidade de ver melhor seus órgãos sexuais podem pegar um espelho e dar uma espiadinha.

... que muitas crianças sentem vontade de fazer perguntas sobre o próprio corpo e sobre sexo. E que, por falta de costume, vergonha ou medo, acabam não abrindo a boca. Que bobagem! Perguntar é sempre bom, especialmente quando a gente pergunta para alguém em quem confia. E saber é melhor ainda.

... que certas vezes a mãe e o pai se atrapalham ao responder algumas perguntas e muitas vezes nem sabem a resposta correta. Pode ser porque eles nunca tiveram oportunidade de conversar sobre esses assuntos. Então vale a pena dialogar, pesquisar e descobrir as coisas juntos.

... que criança é criança, jovem é jovem, adulto é adulto. Quanto ao sexo, cada curiosidade, cada descoberta, cada atitude no seu tempo.

... que se crianças mais velhas, adultos ou quem quer que seja estiverem influenciando ou obrigando você a fazer alguma coisa que você não quer... Um, dois, três e já! Hora de falar com os pais, com o professor ou qualquer outro responsável.

... que qualquer palavra passa a ter outro sentido quando é falada com a intenção de provocar ou ofender os outros.

... que nosso corpo gosta de ser bem tratado. De olho nele!

Nosso corpo também gosta...

... de brincadeiras divertidas, pular corda, girar em espiral, rodar na roda, dar cambalhotas, se fingir de estátua.

... de momentos alegres ou românticos, de cantar, dançar, escutar o canto dos pássaros, sentir o perfume das flores, olhar as estrelas, acariciar alguém.

... de esportes, correr, nadar, jogar bola, pular, saltar.

... de andar, descansar, falar, ficar em silêncio, dar risada, gargalhar e até de chorar.

... de higiene, de roupas e sapatos confortáveis, alimentos saudáveis.

... de dormir e sonhar, de acordar, de viver.

Foi a prima Nina que, num bate-papo, deu essas dicas para Bianca e Tomás.

Bianca e Tomás foram até
a biblioteca da escola
e por coincidência encontraram
um livro interessante:

MUDANÇAS POR DENTRO MUDANÇAS POR FORA

Quando os meninos e as meninas têm entre 12 e 13 anos, pode ser um pouco antes ou um pouco depois, as glândulas endócrinas provocam transformações no corpo.

EU JÁ SABIA...

...VOU FICAR ALTA, DESENGONÇADA E TODA CHEIA DE ESPINHAS.

As glândulas endócrinas são um conjunto de órgãos que fabricam e eliminam substâncias que são utilizadas em outras regiões do corpo.

É UM MEXE-MEXE QUE NÃO ACABA MAIS!

As glândulas endócrinas fabricam hormônios. Os hormônios são substâncias químicas que, levadas pelo sangue, chegam a certos tecidos ou órgãos e controlam a atividade deles.

E EU ATÉ DECOREI ALGUMAS DELAS, QUER VER? HIPÓFISE, TIREOIDE, TIMO, PARATIREOIDES, SUPRARRENAL, PÂNCREAS, TESTÍCULOS E OVÁRIOS.

Uma das glândulas endócrinas mais importantes é a hipófise. Ela pesa menos de um grama e está escondida na base do cérebro.

Os hormônios produzidos pela hipófise estimulam os testículos e os ovários a produzir os hormônios sexuais: o estrógeno e a progesterona na menina, a testosterona no menino. A testosterona está presente no corpo das meninas, mas em quantidades pequenas. O mesmo acontece com o estrógeno nos meninos.

O estrógeno também provoca mudanças na parte externa do corpo: de repente, os seios começam a crescer, nascem os primeiros pelinhos debaixo do braço e no púbis, a cintura fica mais fina, e as coxas e os quadris, mais arredondados.

A progesterona, por sua vez, prepara o útero para o embrião se instalar ali caso aconteça a fecundação.

E EU AINDA NEM ARRANJEI UM NAMORADO!

JÁ?!?

A testosterona faz uma revolução no corpo do menino.

EU SÓ ESPERO QUE ELA NÃO EXAGERE NESSA REVOLUÇÃO E EU NÃO FIQUE PELUDO FEITO MACACO.

Os testículos começam a produzir espermatozoides, o pênis cresce, aparecem pelos no peito, no rosto, no abdome, nas pernas e nos órgãos sexuais. E ainda faz o timbre de voz mudar.

GRRRP

A hipófise produz um hormônio muito importante para o crescimento do corpo: o GH (ou somatotrofina). Ele é responsável pela multiplicação das células e pelo desenvolvimento dos tecidos.

Trabalham também as glândulas sexuais: os testículos e os ovários.

O trabalho dos testículos

Dentro dos testículos existem canais finíssimos, os túbulos seminíferos. É neles que se encontram as células que serão transformadas em espermatozoides.

De tamanho microscópico, os espermatozoides são produzidos aos milhões, e, como eles são as células reprodutoras masculinas, um deles será o responsável pela fecundação do óvulo da mulher. A produção de espermatozoides é contínua, acompanha toda a vida do homem desde que ele entra na puberdade.

O trabalho dos ovários

Todo mês, um dos ovários lança um óvulo maduro nas tubas uterinas. Esse óvulo chega prontinho para encontrar um espermatozoide e ser fecundado.

Ao mesmo tempo, a progesterona prepara o útero para receber o ovo, que é como se chama o óvulo fecundado.

Não acontecendo a fecundação, o óvulo se atrofia, e a camada interna do útero, o endométrio, se desmancha e é eliminada através da vagina. É a menstruação. A menstruação dura de 2 a 7 dias e acontece

de novo depois de 28 dias, podendo ser um pouco antes ou depois.

Quando a mulher se aproxima dos 50 anos, o estoque de óvulos se esgota, e a mulher para de menstruar. É a chamada menopausa.

Depois que acontecem todas essas transformações, a menina pode engravidar se fizer sexo sem proteção.

A gravidez começa com a fecundação: dentro da mulher, os velozes espermatozoides agitam suas caudas. Passam pelo útero e logo chegam às tubas. O encontro dos espermatozoides com o óvulo maduro só acontece nas tubas uterinas.

Apenas um espermatozoide penetra o óvulo maduro. Após a penetração, ele perde a cauda. Dentro do óvulo, o núcleo do espermatozoide junta-se ao núcleo do óvulo, originando o ovo. Este se divide em duas células: é o início do desenvolvimento do embrião.

Os outros espermatozoides, os que não penetraram ou não chegaram até o óvulo, simplesmente morrem, são absorvidos pelo corpo e caem na corrente sanguínea, sem nenhum prejuízo para a saúde da mulher.

É BOM SABER...

... que a adolescência começa quando os meninos e as meninas têm cerca de 12 anos e dura até por volta dos 20. É um período cheio de novidades e emoções. O corpo muda muito, e a cabeça fica superlotada de novas ideias e desejos.

... que na fase de crescimento, às vezes, aparecem espinhas no rosto. Acontece que, nessa fase, as glândulas sebáceas trabalham muito e fabricam grande quantidade de gordura que é lançada na superfície da pele. Um creme apropriado, receitado pelo dermatologista, o médico que cuida da pele, é a melhor solução.

... que durante a menstruação é necessário usar absorventes, para evitar que o sangue manche a roupa.

... que muitas mulheres, durante a menstruação, sentem cólica (dores na região do ventre). Isso se dá porque aumenta a produção das prostaglandinas, substâncias que provocam contrações uterinas. Um analgésico, indicado pelo médico, alivia a dor.

... que o amor mora o tempo todo dentro da gente. E que o sexo anda juntinho do amor.

... que o nome "virgem" é dado para as pessoas que nunca tiveram relação sexual. A mulher virgem possui uma pele fininha, chamada hímen, que recobre o canal da vagina. Essa pele tem um buraquinho, pelo qual saem o sangue da menstruação e a secreção da vagina. Geralmente essa pele se rompe na primeira relação sexual, podendo ou não sangrar.

... que quando a mulher ou o homem ficam excitados, o clitóris e o pênis se enchem de sangue e ficam duros. Eles sentem então uma sensação gostosa, que cresce, cresce até o orgasmo, que é o momento máximo de prazer.

... que ter orgasmo é o mesmo que gozar.

... que a relação sexual é um momento em que os pensamentos saem para passear e os corpos sentem prazer. "Fazer amor" e "transar" querem dizer a mesma coisa.

... que a boca é uma parte sensível do nosso corpo. A mãe se aproxima do filho e dá um beijinho na bochecha dele. O filho se aproxima do pai e dá um beijinho na testa dele. Momentos de carinho. Entre as pessoas que se amam, o beijo é dado na boca e até as línguas se tocam.

... que o desejo sexual é também chamado de libido, que é uma palavra feminina.

... que namorar é superlegal. Trocar carinhos, ideias, intimidades, e conhecer o outro. Até as briguinhas valem.

... que erótico quer dizer sexual por causa de Eros, o deus grego do amor.

... que quando as pessoas falam "estou com tesão", elas estão sentindo desejo sexual por alguém.

... que na fase de crescimento, o adolescente com dúvidas a respeito de seu próprio corpo deve conversar com as pessoas em quem confia ou consultar um médico.

Outras dicas da prima Nina.

Bianca e Tomás foram até
a casa da Clarice, uma vizinha
que estava esperando bebê.
Sentindo a curiosidade deles,
ela resolveu contar uma história:

É UMA HISTÓRIA
DE NOVE MESES

Na rua

Noite estrelada, brisa de vento suave, folhas passeando pelo chão, alguém olhando para a Lua.

Na casa

Janelas abertas, cortinas balançando com o ar, uma luzinha acesa. Muito amor, carinho e prazer entre Joana e João.

No corpo

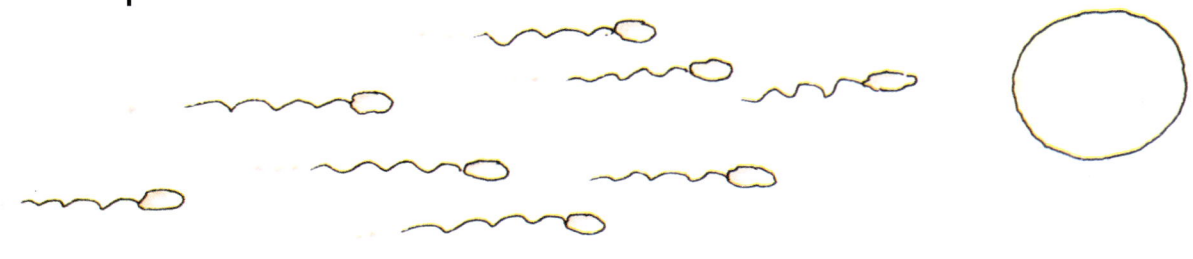

Espermatozoides entrando, um óvulo maduro esperando um deles para acontecer a união. Óvulo e espermatozoide, dois num só, um ovo, que parte para a casa-útero em busca de proteção.

Na rua

Chuvarada de verão, o sol depois dela, um arco-íris no céu, uma menina corre com a roupa toda ensopada.

Na casa

Feijão cozinhando no fogo, pratos e talheres na mesa. Chega João. Joana fala: — Estou grávida. — Abraços emocionados e, no meio das risadas, até uma lágrima escapa.

No corpo

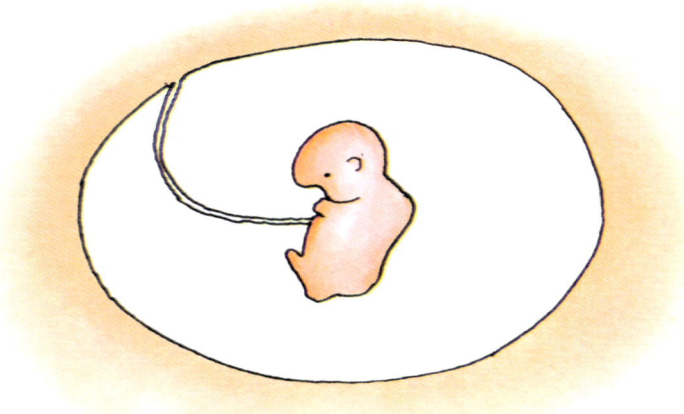

O ovo muda de nome, agora se chama embrião. E está ligado à placenta por um delicado cordão, por onde recebe da mãe oxigênio e alimento.

MARÇO

Na rua

Tarde de nuvens paradas, o vento descansa, pôr do sol distante, um senhor idoso lê um livro no banco da praça.

Na casa

Música tocando baixinho, flores vermelhas no vaso, um bolo na geladeira. Joana acaricia a barriga com uma das mãos e com a outra segura a mão do João. Conversa que nunca acaba, planos e mais planos...

No corpo

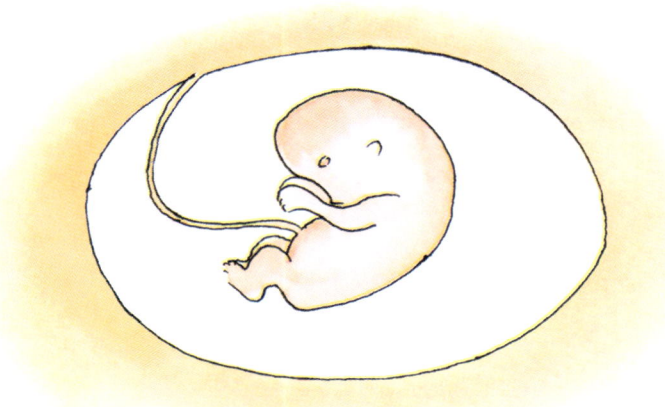

Uma bolsa de água protege o embrião. Tudo se formando, mãos, pés, dedinhos... Pequeno começo de gente.

Na rua

Céu azul, o sol esquenta as calçadas, pombos parados no fio de luz, pessoas caminham depressa.

Na casa

Cama desarrumada, cheiro de café na cozinha, jornal espalhado pelo chão. Joana experimenta roupas. Qualquer um descobriria aquela barriguinha. "Começa a aparecer", pensa João.

No corpo

De novo muda de nome. Agora se chama feto. Cada dia se completa. Tudo vivo, carne, ossos, coração.

Na rua

Ventania, o ar espalha poeira, uma árvore movimenta os galhos, um mendigo se encosta no tronco dela.

Na casa

Peixe assando no forno, a tampa de uma panela cai no chão, uma porta se mexe sozinha. — Menino ou menina? — Comprei sapatinhos de lã amarela. — Hoje ele se mexeu sem parar! — O médico falou... — Tomara que... — Sua barriga cresceu... — Joana e João não conseguem mudar de assunto.

No corpo

A casa-útero cresce, melhora a acomodação. O feto dentro da bolsa se mexe, pra lá e pra cá... Pra cá e pra lá...

Na rua

Sábado nublado, um vento gelado corre no ar, um passarinho canta sem parar, um casal de namorados se beija na esquina.

Na casa

Móveis fora do lugar, mil coisas espalhadas, tudo de pernas para o ar. Depois de muita arrumação, fica bonito e gostoso o espaço que espera o bebê de Joana e João.

No corpo

O feto já consegue captar um leve som que vem de fora. E até pular ele quer.

JULHO

Na rua

Garoa fina, paredes úmidas, um cachorro faz xixi num poste, um garoto de guarda-chuva entra na padaria: — Cinco pãezinhos e um litro de leite, por favor!

Na casa

Cesta de tricô ao lado da poltrona, janelas fechadas, perfume de limpeza no ar. Joana sentada. João se aproxima. Afetuoso, encosta a cabeça na barriga de Joana. "Ah, se mexeu!", João se arrepia.

No corpo

Agora o feto é um bebê.

AGOSTO

Na rua

As nuvens brincam com a Lua, um vaga-lume se esconde, uma semente germina, um gato mia no telhado.

Na casa

Tudo escuro, silêncio, só o relógio trabalha. Joana dorme e sonha. João também dorme, encostado na barriga redonda de Joana.

No corpo

Fica pequeno o lugar, o bebê não quer mais parar. E entre uma mexida e outra, ele vira de ponta-cabeça, prontinho para escapar.

Na rua

Manhã luminosa, jardins floridos, uma borboleta beija uma flor, uma mulher sai para passear de vestido estampado.

Na casa

Janelas abertas, luz entrando, uma maleta pronta. — Chegou a hora. Vamos, João! — Vamos, Joana! — A emoção é tanta que nem as palavras saem. O corpo de Joana sente e o corpo de João percebe.

No corpo

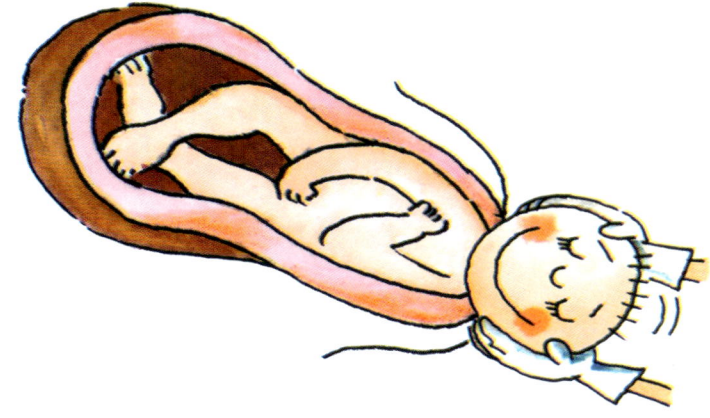

A casa-útero se arruma e abre espaço para o bebê sair. A bolsa de água se rompe, a vagina fica pronta. É a cabeça a primeira a aparecer. Mãos experientes ajudam, prontas para cortar o cordão umbilical.

Pela primeira vez o bebê respira por conta própria. Nasceu uma menina!
Com a carinha amassada e sete fios de cabelo. Da cor de um tomatinho.
E o choro dela, gostoso, mostra que a vida é maior para Joana e João.
Ah, que satisfação!

É aí que começa outra história, falou Clarice:

Anabela foi o nome que deram para a menina. Ela queria mamar, Joana amamentava. João ajudava a dar banho, a trocar fraldas, quanto xixi, quanto cocozinho amarelo. Anabela não gostava da chupeta. Ela adorava escutar uma musiquinha na hora de dormir.

E assim os meses foram passando, os anos também, e Anabela foi crescendo, crescendo. Agora é uma menininha...

Mas a história continua e quem quiser saber mais, se em algum lugar encontrar Anabela, é só perguntar para ela...

É BOM SABER...

... que o atraso da menstruação pode ser um sinal de que uma mulher está grávida.

... que a bolsa de água que se forma no útero da mãe durante a gravidez protege o bebê de choques. Graças a ela, a mãe pode continuar tendo uma vida normal, fazendo exercícios físicos, trabalhando, tendo relação sexual.

... que não existe nada melhor do que o leite da mãe para o desenvolvimento do bebê. Até os 6 meses, ele não necessita de nenhum outro alimento.

... que a amamentação é um momento de grande carinho entre a mãe e o bebê.

... que, durante a gravidez, com a ultrassonografia, pode-se enxergar através da barriga da mãe e descobrir se o bebê é menino ou menina.

... que pode acontecer de uma mulher ter relação sexual e engravidar de alguém com quem ela não quer viver. Mesmo se for criado só com a mãe ou só com o pai, o bebê pode receber muito amor e crescer feliz.

... que quando o bebê não está na posição certa no útero da mãe ou o canal vaginal não dilatou o suficiente na hora do parto, é feita uma cirurgia chamada cesariana: o médico faz uma abertura no ventre da mãe e retira o bebê.

... que o ovo, isto é, a célula-ovo, pode se separar em duas ou mais células e cada uma formar um embrião. Nascem então bebês superparecidos fisicamente e do mesmo sexo. São os gêmeos idênticos (ou univitelinos).

... que pode acontecer também de dois ou mais óvulos maduros entrarem nas tubas e cada um deles vir a ser fecundado por espermatozoides diferentes. Nascem então dois ou mais bebês, não tão parecidos fisicamente, podendo ser de sexos diferentes. São os gêmeos fraternos (ou bivitelinos).

... que às vezes há mulheres que se tornam mães e não podem ficar com o bebê. Quando isso acontece, a criança pode ser adotada. Quem dá amor, carinho e acompanha o crescimento da criança fica sendo o pai e a mãe dela.

Mais dicas da prima Nina.

O SEXO ASSIM OU ASSADO...

O QUE É HOMOSSEXUALIDADE? O QUE SÃO MÉTODOS ANTICONCEPCIONAIS?

O QUE É PROSTITUIÇÃO? O QUE SÃO AS DSTs?

EU QUERO SABER SOBRE TUDO ISSO, PARA NÃO FICAR CONFUSA QUANDO CHEGAR A MINHA VEZ.

CALMA, CALMA... VOCÊ AINDA É CRIANÇA.

É, MAS QUANDO EU CRESCER, QUERO SEXO SEGURO, E SEM PRECONCEITOS, ENTENDEU?

MAIS OU MENOS.

MAS, ATÉ CHEGAR A MINHA VEZ, VOU TER TEMPO DE ENTENDER TUDO O QUE VOCÊ QUISER.

Bianca e Tomás ficaram pensando:
o que será que os jornais, as revistas,
a televisão, a internet, as pessoas
em geral, estão falando sobre sexo?

Recortaram muitas matérias de jornais.
— Tomara que encontrem logo o remédio para curar a Aids — Bianca pensou.

"AIDS é a sigla da expressão inglesa que significa Síndrome da Imunodeficiência Adquirida.

O vírus da Aids — chamado HIV — penetra no corpo, multiplica-se e ataca o sistema de defesa que o corpo tem (o sistema imunológico), que é composto principalmente pelos glóbulos brancos (ou leucócitos) existentes no sangue. O corpo da pessoa que adquiriu o vírus torna-se indefeso e acaba pegando uma série de infecções. Cada vez mais fraco, o doente não resiste e pode acabar morrendo de uma dessas infecções que em um corpo sadio seria facilmente combatida.

A Aids é uma doença relativamente nova (se compararmos com outras mais comuns): embora se acredite que tenha surgido na África, os primeiros casos foram oficialmente registrados em 1981, nos Estados Unidos, e daí para a frente tem se espalhado por todo o mundo. Ainda não existe cura nem vacina para a Aids, mas cientistas do mundo inteiro estão pesquisando e já fizeram grandes avanços. Há, por exemplo, medicamentos que impedem a multiplicação do vírus e ajudam a evitar o enfraquecimento do sistema imunológico. São conhecidos como 'coquetel antiaids'. Embora esses remédios não eliminem de vez o HIV, são fundamentais para garantir a qualidade de vida dos portadores da doença.

Uma pessoa pode estar contaminada pelo vírus mesmo que não apresente nenhum sintoma".

"Mães que têm Aids podem passar o vírus para o bebê durante a gestação e também na hora da amamentação. Existem casos em que esse vírus nem chega a se manifestar. A criança com HIV deve ser tratada na escola da mesma maneira que todas as crianças."

"O crescente número de doentes de Aids preocupa o mundo e, ao mesmo tempo, sensibiliza as pessoas. É importante que o soropositivo (como são chamados os que têm o vírus) receba muito amor e carinho da família, dos amigos e de quem está próximo. Se você, que está lendo este artigo, ainda não sabe, valem nossas dicas:

• Não existem casos de contaminação por meio de abraço, beijo, aperto de mão, visitando doentes em hospitais, usando talheres e pratos, usando banheiros, transportes públicos, nadando em piscinas, por picadas de insetos, convivendo com soropositivos em casa, na escola, no trabalho, nas relações sociais.

• A Aids é uma doença perigosa e não podemos nos descuidar. A regra básica é se prevenir sempre:

1. Usar camisinha em todas as relações sexuais. Além da Aids, há outras doenças sexualmente transmissíveis, como a hepatite B e o HPV, um vírus que atinge os órgãos genitais tanto do homem quanto da mulher.

2. Só doe sangue em instituições de saúde certificadas. E peça à enfermeira que abra o material para a coleta na sua frente. Quando precisar de uma transfusão, exija que o sangue tenha sido testado e rigorosamente controlado. É um dever dos hospitais, sejam eles públicos ou privados, garantir isso.

3. Ao tomar injeções, certifique-se sempre de que as seringas e as agulhas sejam descartáveis.

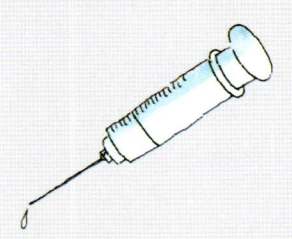

4. Verificar se os instrumentos usados pelos médicos, dentistas, barbeiros e manicures são esterilizados. Agulhas de acupuntura, de furar as orelhas e de fazer tatuagem devem ser descartáveis."

Tomás ficou surpreso. Não havia quem não falasse na tal camisinha.

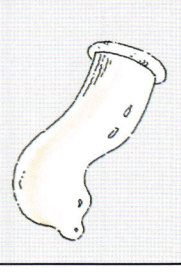

De uma revista tiraram uma reportagem que falava sobre os métodos anticoncepcionais.

Existem vários métodos para evitar a gravidez. São chamados métodos anticoncepcionais.

Existe a pílula

É um dos métodos mais seguros. São comprimidos feitos com hormônios que impedem a ovulação, isto é, a liberação do óvulo maduro para fecundação. O uso da pílula só deve ser feito se acompanhado por um ginecologista, que é o médico que cuida da saúde da mulher.

Existe o DIU

DIU significa Dispositivo Intrauterino e é uma pequena peça colocada pelo médico (somente pelo médico) dentro do útero. Ele interfere na chegada dos espermatozoides ao óvulo maduro e impede a implantação do embrião no útero. Não é aconselhável para adolescentes e mulheres que ainda não tiveram filhos.

Existe a tabelinha

É o método mais arriscado, pois exige que a mulher tenha um ciclo menstrual muito regular e saiba quais são os dias férteis, para não ter relações sexuais nesses dias. Entre adolescentes, é especialmente contraindicado.

Existe o diafragma

É uma espécie de capinha de borracha, colocada na vagina para tampar a entrada do útero, fechando assim a passagem dos espermatozoides. Deve ser colocado antes da relação sexual e retirado no mínimo 6 horas depois. Este método também requer acompanhamento médico.

Existe a camisinha

É um método anticoncepcional usado pelo homem. A camisinha é uma "luvinha" de borracha que deve ser colocada no pênis já ereto, antes de entrar na vagina. O esperma que sai do pênis fica dentro dela, e assim os espermatozoides não entram na vagina. Existe também a camisinha feminina, que é uma bolsa macia e flexível que se encaixa na vagina.

A camisinha é a forma mais segura para evitar as DSTs (doenças sexualmente transmissíveis).

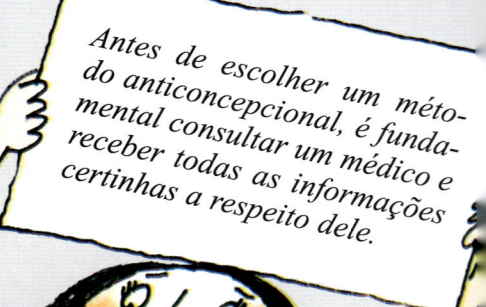

Antes de escolher um método anticoncepcional, é fundamental consultar um médico e receber todas as informações certinhas a respeito dele.

Nem sempre as pessoas mantêm relação sexual com a intenção de ter filhos. Para fazer amor não é necessária a reprodução. Ter filhos não é brincadeira. Criança é coisa séria, precisa ser bem tratada, muito bem tratada.

— *Eu trabalho, pago impostos, sou um cidadão como qualquer outro. Não sei por que existem pessoas que me tratam mal quando falo que sou homossexual...*

"GRUPO DE LÉSBICAS DISCUTE O DIREITO DE ADOTAR CRIANÇAS"

"HOMOSSEXUAL DISCRIMINADO GANHA INDENIZAÇÃO DE TIME DE FUTEBOL"

Alguns textos criados para programas de televisão e filmes publicitários chegam a ser irresponsáveis, pela maneira com que abordam assuntos como cidadania, racismo, machismo, sexo...

Ficaram sabendo que os homossexuais sofrem muito preconceito.
— Preconceito é coisa feia
— Tomás comentou.

Certos artigos alertavam os leitores sobre vários problemas sociais que afetam a vida sexual das pessoas. Descobriram que mesmo quem tem deficiências físicas pode viver tranquilamente sua vida sexual.

"Tem aumentado o número de garotas entre 14 e 15 anos que entram para a prostituição. Na maior parte dos casos são a miséria, a fome e as péssimas condições de vida que mostram para elas esse caminho. A maioria delas não tem consciência do risco em que vive."

"O fato de o aborto ser proibido por lei tem colocado em risco a vida de muitas mulheres que recorrem a ele. É necessário pensar no assunto com urgência, pois é uma questão de saúde pública. Ao mesmo tempo, é preciso conscientizar os adolescentes sobre o uso de métodos anticoncepcionais."

"GRAVIDEZ NA ADOLESCÊNCIA: UM PROBLEMA ENFRENTADO POR TODAS AS CLASSES SOCIAIS."

"Embora saibamos de muitos casos de abuso sexual contra mulheres, poucos deles são denunciados às autoridades, pois ainda há muito medo em torno desse delicado tema."

— Bem que eu queria fazer outras coisas, conversar, ter amigos, sair de casa — falou Júnior, 10 anos, o garoto que passava todas as tardes na frente do computador, brincando com joguinhos pornográficos.

—Mesmo tendo deficiência, encontro maneiras gostosas de viver minha vida sexual.

MEU FILHO É HOMOSSEXUAL E EU ACEITO A ESCOLHA DELE.

EU SOU UM GAROTO DE PROGRAMA E ENCARO ISSO COMO UM TRABALHO, MAS GOSTARIA DE FAZER OUTRA COISA,

SOU JOVEM E ESTOU INICIAND MINHA VI SEXUAL ANDO CO CAMISINH NO BOLS

Viram também alguns anúncios pequenos, oferecendo sexo e fazendo promessas duvidosas para quem consumir produtos. Acharam estranho. Anotaram muitas frases que escutaram na televisão, no rádio, na rua, em todos os lugares.

NA ...SIEDADE ...ESCUIDEI ...EGUEI ...S NA ...RINGA DROGA.

QUEM SOFRE ABUSO SEXUAL TEM QUE DENUNCIAR.

O SR. USA CAMISINHA?

EU NÃO SABIA COMO EVITAR FILHOS. TENHO 14 ANOS E UM BEBÊ DE 3 MESES.

TUDO O QUE EU SEI SOBRE SEXO, APRENDI EM REVISTAS E FILMES PORNOGRÁFICOS.

NEM CAMISINHA NEM CAMISOLA. EU SÓ DURMO DE PIJAMA.

É BOM SABER...

... que qualquer situação em que uma pessoa se sentir obrigada a acariciar, abraçar, beijar ou ter relação sexual é chamada de abuso sexual. Nada que se relaciona ao sexo pode ser forçado.

... que prostituição é quando o homem ou a mulher cobra para ter relações sexuais.

... que o crime chamado estupro acontece quando alguém obriga uma pessoa de qualquer idade ou condição a manter relação sexual.

... que o aborto é a interrupção da gravidez, isto é, a retirada do embrião ou do feto do útero. No Brasil, o aborto é proibido por lei. Mas há dois casos em que essa prática é permitida: quando a gravidez coloca em risco a vida da mãe ou é resultado de um estupro. Mesmo assim, para efetuar este procedimento, o médico precisa solicitar uma autorização judicial.

... que bissexual é o termo usado para definir o homem ou a mulher que tem atração sexual pelos dois sexos.

... que homossexual é o nome dado ao homem ou à mulher que tem atração sexual por pessoa do próprio sexo. Ser homossexual não é uma anormalidade. É uma preferência que deve ser respeitada. Gracinhas, nomes grosseiros e preconceitos em relação a isso são uma demonstração de ignorância.

... que durante a infância e a adolescência é comum menino ter amizade íntima com menino e menina ter amizade íntima com menina. Isso faz parte da idade e não quer dizer que eles serão homossexuais.

... que a mulher homossexual, que tem atração sexual por outra mulher, é chamada de lésbica.

... que existem filmes, revistas, sites, espetáculos, desenhos e livros que exploram o sexo como forma de ganhar dinheiro. Isso se chama pornografia.

... que transexual é aquele que optou por mudar de sexo.

... que vírus é um microrganismo que causa infecção, responsável por muitas doenças nos seres vivos. É extremamente pequeno, só pode ser visto ao microscópio eletrônico, e só pode sobreviver e se multiplicar parasitando uma célula viva.

Últimas dicas da prima Nina.

E AÍ, TOMÁS, VOCÊ GOSTOU?

ADOREI!

MAS O MAIS IMPORTANTE...

... É QUE EU ENTENDI COMO É BOM GOSTAR UM DO OUTRO.

E TAMBÉM GOSTAR DA GENTE MESMO E APRENDER A SE CONHECER.

AFINAL, A GENTE É CHEIO DE SEGREDOS, DE COISAS PARA SEREM DESCOBERTAS.

COMO UM NOVO MUNDO.

Bianca e Tomás descobriram
que o corpo dá prazer, é bonito
e está em harmonia com a natureza.
Assim como um planeta está em
harmonia com o universo.